Doña Juana Tenorio
Juanito Tenorio

Rafael María Liern
Doña Juana Tenorio
Imitación burlesca de escenas de Don Juan Tenorio en un acto y en verso

Salvador María Granés
Juanito Tenorio
Juguete cómico-lírico en un acto y dos cuadros

SÁTIROS

Edita: Editorial Doble J, S.L.
C/ Montevideo 14
41013 Sevilla
www.culturamoderna.com
editorialdoblej@editorialdoblej.com
ISBN: 978-84-96875-36-4

Índice

Doña Juana Tenorio
Acto único 1

Juanito Tenorio
Acto único 41

Doña Juana Tenorio
Imitación burlesca de escenas de Don Juan Tenorio en un acto y en verso
Rafael María Liern

Personajes

Doña Juana Tenorio
Doña Luisa Mejía
Brígida
Serafín
Acompañamiento

Acto único

Sala de modesta apariencia. Sillas de Vitoria Una mesa con tapete verde. Sobre la mesa algunos libros. Una pequeña librería. Procúrese dar a la sala la apariencia de una celda, como se supone que debe ser la estancia de un buen estudiante de teología, en los primeros años de carrera.

Escena I
SERAFÍN aparece sentado junto a la mesa leyendo.

SERAFÍN   Origen de todo mal
dice el santo que es la hembra.
Soy de la misma opinión.
La mujer, ¡Jesús!, ni verla.
¡Y el caso es que a mí me gustan!   5
¡Lo que es feas... no son feas!
Pero... tentación, aparta;
el Señor nos libre de ellas.

Escena II
SERAFÍN y BRÍGIDA.

BRÍGIDA   Serafín.

SERAFÍN   ¿Señora Brígida?

BRÍGIDA   ¿Se ha dormido bien la siesta?   10

SERAFÍN   No pude pegar los ojos.

BRÍGIDA   ¿Y qué estás leyendo, prenda?

SERAFÍN   Trozos de San Agustín,
el gran padre de la Iglesia.

BRÍGIDA   Tú siempre devoto.

SERAFÍN   Siempre.   15
¿Qué se ha de hacer? La carrera
eclesiástica que sigo
así lo exige.

BRÍGIDA   (¡Babieca!)
La lectura enseña mucho.

SERAFÍN   Eso es lo que más enseña.   20

BRÍGIDA   Por eso traigo ese libro;
religiosa es la leyenda.
¡Mira qué hermosas estampas!

Serafín	¡Ay, sí! Santa Filomena.	
Brígida	Con los pícaros sayones
que a la infeliz atormentan.	25
Serafín	Éste es San Roque. Y el perro
no se come la libreta
(Con sencillez.)
sobre llevarla en la boca.
Qué templanza y qué inocencia!	30
Brígida	¡O será que esté muy dura!	
Serafín	No hable mal. ¡Jesús qué lengua!	
Brígida	San Lucas.	
Serafín	Y el buey detrás.	
Brígida	Vamos, siéntate y hojea
estas páginas devotas.	35
Serafín	Será una lectura amena.
¿Y esto es regalo de usted?	
Brígida	Si no tengo una peseta;
regalo de doña Juana.
(Con intención y muy al oído.)	
Serafín	¡La vecina! (Asustado.)	

Brígida	Ella por ella.	40
Serafín	Siempre ese nombre en mi oído zumbando como una abeja.	
Brígida	Bonita encuadernación.	
Serafín	Sí, pero la procedencia... (Al hojear el libro se cae una carta.) ¿Una carta? ¿Quién la escribe?	45
Brígida	De doña Juana es la letra.	
Serafín	Otra vez...	
Brígida	Rompe ese sobre.	
Serafín	Pero yo...	
Brígida	Arranca esa oblea. Ten más valor y la carta vamos a ver lo que reza.	50
Serafín	¡El cielo me dé valor! ¡Qué frío siento en las venas! (Se pone a leer.) «Serafín del alma mía...». ¡Ay, qué lenguaje! ¡Me asombro!	
Brígida	Es verso y será un escombro de esos de la poesía. Vamos, sigue, no seas tímido.	55

Serafín	«Al recibo de esta carta me alegraré de que te halles con la salud más *cabala*...».	60
Brígida	Cabal.	
Serafín	No, sobra una *a* lo mismo que una castaña. (Sigue leyendo.) «Que yo para mí deseo. La mía es buena a Dios gracias. Sabrás cómo yo te he visto cuando salías de casa para la Universidad, hace dos o tres mañanas, y se me ha clavado al verte una saeta en el alma». No sigo. ¡Lenguaje infiel! No sigo.	65 70
Brígida	¿Por qué? Responde. Sigue, que ya sabes dónde nos dicen que está la miel.	
Serafín	«Salías comiendo un cohombro con apetito y con ansia, y al ver aquella finura con que mordías la masa, chupándote luego el dedo que el torpe aceite manchara, me dio un salto todo el cuerpo	75 80

　　　　　　y así una especie de basca
　　　　　　sentimental, que llené
　　　　　　de gruesas copiosas lágrimas
　　　　　　las macetas y las flores　　　　　　85
　　　　　　de mi pequeña ventana».
　　　　　　El estilo es pernicioso. (Hablado.)
　　　　　　Debemos correr un velo.

BRÍGIDA　　Vamos, acaba, tontuelo,
　　　　　　que hasta el fin nadie es dichoso.　　90

SERAFÍN　　Si en estas frases escritas
　　　　　　hay conceptos reprobados...

BRÍGIDA　　Sigue y toma dos torrados
　　　　　　y estas dos avellanitas.
　　　　　　(Se las pone en la boca ella misma.)

SERAFÍN　　«En tu nariz puso el frío　　　　　　95
　　　　　　los matices de la grana
　　　　　　y vi un pañuelo de yerbas
　　　　　　que del bolsillo sacabas
　　　　　　con un manojo de rábanos.
　　　　　　Era tu mano morada　　　　　　　　100
　　　　　　y al ver lo que padecías,
　　　　　　pues que de frío llorabas,
　　　　　　y se te caía el gorro
　　　　　　y tus medias se arrugaban,
　　　　　　me dije: «Hoy mismo le escribo»;　　105
　　　　　　y por eso va esta carta.
　　　　　　Mira, si quieres llevar

     en vez de capota, capa
     y en vez de gorro, sombrero
     y charol en vez de cabra,   110
     di que mi cariño aceptas
     y con él mi mano blanca.
     No se alarme tu pudor,
     porque mi intención es santa.
     Si mis amores aceptas,   115
     si no desdeñas mis dádivas,
     di, Serafín de mi vida,
     dime una sola palabra,
     porque a todo está dispuesta
     por tus amores tu Juana».   120
     (Así que acaba de leer cae desmayado
     en una silla.)
     No sé lo que me sucede.

BRÍGIDA Un soponcio. Pobre chico.
     Con dos gotas de colonia...
     No, mejor será un traguito
     del más fuerte de Chinchón.   125
     (Le da a beber un traguito de aguardiente.
     Saca un frasco del bolsillo.)
     Lo llevo siempre conmigo,
     pero por necesidad,
     sí señor, que no por vicio.
     Anda, Serafín, reponte,
     bebe dos gotas, cariño.   130
     (Bebe ella sin darle a Serafín.)
     No le hace ningún efecto.
     Continúa adormecido.

	Otro trago, corazón. (Repite el juego.)
	Sigue el soponcio... ¡Dios mío!
	Pero si estoy yo bebiendo 135
	y no bebe el pobrecillo.
	(La aplica el frasco a la nariz.)
	Ya respira, ya se mueve.

SERAFÍN ¿Dónde estoy?

BRÍGIDA Aquí, bobito.

SERAFÍN ¿Dónde? ¿En la Universidad?

BRÍGIDA (Donde estás tú es en el limbo.)   140

SERAFÍN ¡Ah!... Ya recuerdo... Esa carta...
Huye de aquí, basilisco.
Yo me marcho al cuarto oscuro,
y sollozando y contrito
pediré mi absolución   145
a San Cosme, a San Cirilo,
a San Juan, a San Bernardo,
a San Pedro, a San Benito,
San Casiano, San Silvestre,
San Bartolomé, San Brígido   150
y a todo el martirologio
probado y no conocido. (Vase.)

Escena III
BRÍGIDA.

BRÍGIDA   Ya se ha tragado el veneno.
          Apuró la copa llena.
          Siémbrese amor en el alma,   155
          que ya vendrá la cosecha.
          Ya debe estar impaciente
          doña Juana. Haré la seña.
          (Da tres palmadas junto a la puerta izquierda.)
          Una palma, la segunda
          y la palmada tercera.   160

Escena IV
BRÍGIDA Y JUANA.

JUANA   ¡Eh! ¿Brígida? (Con misterio.)

BRÍGIDA   Doña Juana.

JUANA   ¿Leyó el muchacho la esquela?

BRÍGIDA   La leyó de cabo a rabo.

JUANA   ¿Y qué?

BRÍGIDA   Le gustó la letra.

JUANA   ¿Y el contenido?

Brígida	Lo propio. Le ha dado una pataleta.	165
Juana	Alma sensible y hermosa. Mi vida diera por ella.	
Brígida	Al pronto puso mal gesto.	
Juana	El amor y la cerveza, no lo dudes, son gemelos en cuanto a sus consecuencias. La cerveza en un principio disgusta, se bebe apenas y ese apenas con un gesto; cuando se la saborea pequeño parece el *chop* y en jarra, si no en caldera o en tinaja de las grandes, se quiere después beberla. ¡Ay, Serafín de mi vida! Si fueras una botella, ¡cataplum!, volara el corcho y de un trago la bebiera. ¿Tiene usted esperanza?	170 175 180
Brígida	Mucha.	185
Juana	Pues tome media peseta. Y doblo la cantidad cuando acabes la faena. Si con Serafín me caso le compro mantilla nueva.	 190

BRÍGIDA   ¡Mantilla!

JUANA   Y de buena gana;
y tal vez te compre dos.

BRÍGIDA   Pues mutis.

JUANA   Adiós.

BRÍGIDA   Adiós,
rete-que-rumbosa Juana.
(Vase Juana.)

Escena V
BRÍGIDA, luego LUISA.

BRÍGIDA   Comamos a dos carrillos;   195
que venga la compañera
(Da en la derecha otras tres
palmadas y aparece Luisa.)

LUISA   ¿Quedó arreglado el negocio?

BRÍGIDA   A mi ver en toda regla.

LUISA   Tome usted dos perros grandes.

BRÍGIDA   (Pues no me sale la cuenta.   200
Un real descabalado.)
LUISA   Le daré a usted seis pesetas
si salimos bien del lance.

Brígida	¿Quién lo duda?	
Luisa	Mi impaciencia. ¿Doña Juana...?	
Brígida	En aquel cuarto.	205
Luisa	Llámala.	
Brígida	Tenga usted flema. Lo primero es lo primero. Arrimemos a la mesa varias sillas y después estas dos de preferencia. Luces, tintero, unos vasos, dos copas y una botella. (Coloca sobre la mesa todo esto.)	210
Luisa	(Llegándose a la puerta derecha y llama a sus amigas.) Y va a llegar el momento. Prevenidas, compañeras.	
Brígida	¿Debo dar el toque de ánimas? (Hace el toque de ánimas sobre una botella con una cuchara.) Ya van saliendo a mi seña.	215

Escena VI

Dichas, amigas de Luisa, y en seguida Juana y las amigas de ésta.

Luisa	Ésta es la hora, seguidme.	
	Desconfío de que venga.	
	Tal vez se habrá arrepentido	
	de acometer tal empresa.	220
	No obstante escucho rumor.	
	Es doña Juana que llega.	
	Esperemos, pues conviene,	
	con el embozo a las cejas.	
	(Embozándose todas	
	con sus mantones.)	
Juana	(Ya me estaba esperando.	225
	Tiene elegante presencia.)	
Luisa	(Se presenta la embozada	
	con aire de emperadora.)	
	Voy a sentarme.	
Juana	Señora,	
	esa silla está comprada.	230
Luisa	En ese caso es notorio...	
Juana	Y el más miope vería...	
Luisa	Que yo soy Luisa Mejía.	

Juana	Yo doña Juana Tenorio. (Se desembozan dándose las manos.)	
Luisa	Veo con gusto que sois muy puntual a vuestras citas.	235
Juana	Un pagaré es mi palabra y mi promesa una firma. (A todas.) Daré del lance que veis una explicación sucinta: yo me enamoré hace un año, y al par esta amiga mía, (Por Luisa.) de un joven como unas perlas, gallardo como una espiga; es Serafín, es el joven que tiene de huésped Brígida. Ambas nos enamoramos, éramos buenas amigas, y en vez de andar a trastazos y en escándalos y riñas, convinimos en que al joven por esposo tomaría la que de nosotras dos presentase mayor lista de victorias amorosas en un año conseguidas, siempre que la honra quedara de toda impureza limpia. ¿No es así?	240 245 250 255
Luisa	Decís verdad.	

JUANA	He aquí las hazañas mías. (Saca un pliego.) 260 Contad las vuestras primero.
LUISA	Vuestra urbanidad me obliga a cederos la palabra.
JUANA	Estimo la cortesía, pero habéis de hablar primero. ¡Por la vuestra! ¡Arriba!
LUISA	¡Arriba! (Beben.) 265 Nací de padres honrados en una confitería que les valió una riqueza por mor de unas capuchinas, en las cuales y en merengues 270 fue mi padre especialista. No habrá habido dos infancias tan dulces como la mía.
BRÍGIDA	(¿Si habrá comido merengues y caramelos la niña?) 275
LUISA	Honrada desde el nacer, para los amores tímida, jamás delante de un hombre me permití alzar la vista. Pero al ver que Serafín 280 mi esposo a ser llegaría si en empresas amorosas y en aventuras e intrigas

a mi rival doña Juana
en doce meses vencía, 285
las armas del coquetismo
audaz manejé atrevida
y resulté más coqueta
que cincuenta y seis modistas.
Sin que latiera en mi pecho 290
de amor una sola fibra,
he visto a mis pies rendidos
llorando a lágrima viva
para conseguir mi mano
seis títulos de Castilla, 295
tres matadores de toros,
el que da las banderillas,
un alquilador de coches,
un flauta, dos organistas,
el director general 300
de una sociedad vinícola,
un capitán de Farnesio,
dos tenientes de Pavía,
cien cabos, catorce quintos,
un furriel de la milicia, 305
toda la Guardia Civil
inclusa la infantería,
y los alumnos de leyes,
con más los de medicina
de Madrid, de Barcelona, 310
de Valencia y de Sevilla.
He aquí los certificados
con sus rúbricas y firmas,
y aquí para mantenerlo

	si alguien dudara está Luisa.	315
	(Sus amigas le aplauden.)	
Juana	No me parece gran cosa.	
Luisa	¿Logró usted más?	
Juana	¿Yo? ¡Por vida! Bebamos. Por la de usted.	
Luisa	Por la suya. Arriba. (Bebe.)	
Juana	Arriba.	
	(Empieza a hablar después de toser y prepararse a hablar como un orador.)	
	Con estos ojos gachones	320
	fui yo la calamidad	
	de esa pobre humanidad	
	que se compra pantalones.	
	Con mis timos singulares	
	y pases de los ceñidos,	325
	he visto a mis pies rendidos	
	los hombres a centenares.	
	Dije, dura como un canto,	
	viendo al hombre con desdén:	
	«Si no me quieres por bien,	330
	me querrás por el espanto».	
	Y dicho y hecho; hice mutis	
	y al que se me defendía	
	receloso, le encendía	
	con estos dedos el cutis.	335

            Y una vez metida en barro,
            me vi fiera y respetada,
            por leones arrastrada
            como Nerón en su carro.
            Mi lengua a deciros va   340
            cómo su amor conseguí.
            Primero un guiño de aquí,
            después un guiño de acá.
            Ya alegres y con cosquillas,
            tomaban de estos ojazos   345
            sus dos pares de puyazos
            con salero... y banderillas,
            un buen par como yo sé;
            tunanta luego y coqueta,
            buenos pases de muleta,   350
            y en seguida un volapié.
            Y machuchos y muchachos
            me adoraban, no que no,
            con fatiga, mientras yo
            quedaba libre de cachos,   355
            que libre es bueno que quede
            el pobre corazoncito.

BRÍGIDA   Salero, vaya un traguito
            con gracia. Viva quien puede.

JUANA   Estos medios puse en práctica   360
            y los resultados ved. (*Enseña un pliego.*)

BRÍGIDA   ¡Qué admiración! (*Hojeándolo.*)

| JUANA | A merced
de aquella ingeniosa táctica,
si en la suma no mentí
o me equivoqué en los nombres,   365
sobre cuatrocientos hombres
han muerto de amor por mí. |

| LUISA | ¡Ay! De la certeza dudo.
Cuatrocientos muertos, ¡zas! |

| BRÍGIDA | Pues señor, no hiciera más   370
el mismo Jaime el Barbudo. |

| JUANA | No los convirtió en despojos
de la parca y su cendal
pistola, sable o puñal,
sino el brillo de estos ojos,   375
con cuya fosforescencia
mato en el primer encuentro. |

| BRÍGIDA | (Esta mujer tiene dentro
dos cañones de Plasencia.) |

| JUANA | Víctimas de mis amores   380
ahí veréis certificadas
ya de esferas elevadas,
ya de esferas inferiores.
De un teniente general
descendí a un tambor mayor.   385
Ha recorrido mi amor
toda la escala social. |

Si os parecen muchos nombres
los que consigna el escrito,
ved cuán poco necesito 390
para matar a los hombres.
Un día para atraerlos,
otro para amelonarlos,
tres horas para encenderlos
y una hora de no quererlos 395
igual a descabellarlos.
Y pura fui viento en popa
de amor en el platonismo,
pues le rompía el bautismo
al que osaba ni a mi ropa. 400
Y así desde aquellas fechas
ya en mi clima, ya en remotos,
quince cráneos llevo rotos,
treinta narices deshechas,
doblados cinco espinazos, 405
partidos dos colodrillos,
dislocados tres tobillos,
nueve codos y seis brazos.
Y en estos mismos renglones
hallaréis, estad seguras, 410
veinticinco dentaduras
saltadas a mojicones.
Yo a los palacios subí,
yo a las cabañas bajé,
corazones dividí, 415
y al que se burló de mí
las orejas le arranqué.
Miles de bizcos dejé,

| | cardenales investí,
porteros perniquebré,   420
y en todas partes dejé
quien se acordara de mí.
(Acción de pegar.)
Tal hice y estoy ufana,
no os resistáis a creerlo,
porque para mantenerlo   425
basta y sobra doña Juana. |

LUISA Aunque es mayor esa suma,
yo soy quien gana la apuesta,
pues me quisieron de grado
y a vos no más por la fuerza.   430
Serafín será mi esposo.

JUANA Antes, señora, me entierran.

LUISA Ved que no cedo a amenazas.

JUANA Que las manos se me encrespan.
(Con ira reconcentrada.)

LUISA Que en Albacete hay puñales.   435

JUANA Yo también tengo herramienta.

LUISA Ved que la llevo en la liga.

JUANA Ved que he sido cigarrera.
(Van a pegarse.)

Brígida	Ved que se hallan en mi casa, con calma y en paz procedan.	440
Luisa	Tiene razón. Yo propongo...	
Juana	¿Qué cosa?	
Luisa	Una apuesta nueva.	
Juana	¿Cuál?	
Luisa	Serafín está dentro. Tenga con él una escena usted y otra escena yo, y de las dos se la lleva aquélla que le enamore.	445
Juana	Convenido, es buena idea.	
Luisa	Allí viene Serafín.	
Juana	Háblele usted la primera, yo me espero en este cuarto.	450
Luisa	Dejadme sola. (Se van sus amigas.)	
Brígida	Bien. Sea.	
Juana	(Si por bien no me quisiere, me querrá por la tremenda.) (Vase.)	
Brígida	(¡Desde allí lo acecharé!)	455

LUISA	(Lo esperaré tras la puerta.)
	(Vase un momento. Queda la
	escena medio a oscuras.)

Escena VII
SERAFÍN y a poco LUISA.

SERAFÍN	Ni la lectura devota	
	de los ascéticos libros	
	arranca de mi cerebro	
	el inmoral contenido	460
	de aquella carta maldita.	
	¿Qué será de mí, Dios mío?	
	Yo de mujeres amado,	
	yo de amores requerido.	
	Se me escapa la razón,	465
	yo voy a perder el juicio.	
	Tan pronto creo escuchar	
	un diablo junto a mi oído	
	que murmura tentaciones	
	con un acento melifluo,	470
	(Música muy piano.)	
	como una música alegre	
	que sonando muy bajito...	
	¿Pero no suena esa música?	
	¿Es verdad o es un delirio?	
	¡Y tosen, van a cantar!	475
	El Señor venga en mi auxilio.	
	(Canta Luisa a la puerta muy	
	piano. Serafín se cubre el	
	rostro con las manos.)	

LUISA	(Sevillanas.)
	Tus amores pidiendo
	llego a la puerta,
	dame tu limosnita
	aunque pequeña. 480
	No me desaires,
	porque si no me quieres
	vas a matarme. (Hablado.)

SERAFÍN ¡No lo dije! ¡Y pide amores!
¡Uf! Allí veo el vestiglo. 485
Quita, visión infernal,
que invades mi domicilio.

LUISA (Canta.)
No te asustes, entrañas,
no traigo cuernos;
lo que traigo es cariño 490
con mucho fuego.
No me desaires,
que si no me quisieres
vas a matarme.
(Luisa ha cantado más
cerca de Serafín.)
(Hablado.)

SERAFÍN Yo no sé lo que me pasa. 495
(Las amigas de Luisa encienden
un fósforo.)
Un fósforo han encendido

	y luego encienden la vela.	
	Yo tiemblo como un chiquillo.	
Luisa	¿Por qué te espantas, muchacho?	
	¿Por qué te asustas, cariño?	500
	Queda en tu silla en reposo,	
	queda en tu silla tranquilo,	
	que voy al son de la música	
	de mi alegre guitarrillo	
	a enumerarte las ansias,	505
	a contarte los suplicios	
	que paso por los amores	
	que en mi pecho has encendido.	
	Y ojalá hieran mis notas	
	tu tierno corazoncito.	510
Serafín	Ésta es la primera vez	
	que tan cerca las he visto.	
	(Luisa canta una malagueña	
	a la guitarra.)	
Serafín	(después del canto.)	
	¡Cantos flamencos a mí!	
	¡Si cantara villancicos	
	u otros cantos religiosos!	515
	Y tiene muy buen estilo.	
Luisa	(Voy a ver si pica el pez.)	
Serafín	(Y enseña unos dientecitos…	
	¡Ay, cómo pone los ojos!	

	¡Aparta, cielo bendito!)	520
	(Luisa canta otra copla.)	
SERAFÍN	¿Qué quieres decir con eso?	
LUISA	Que estoy por ti que me pirro. Mira aquí mi mano blanca, di que te casas conmigo y harás con esos amores de mi vida un paraíso. ¡Contesta, joven hermoso!	525
SERAFÍN	¿Pues sabe lo que le digo? Que si no se marcha usted por la puerta y andandito, voy con todos mis pulmones a llamar un guardia cívico que la deposite a usted en el gobierno político. Márchese usted. A la calle.	530 535
LUISA	¿Qué es esto?	

Escena VIII
Dichos y Juana.

| JUANA | (En son de burla.) ¡Os habéis lucido! |
| SERAFÍN | ¡Otra mujer! |

Juana	(Con apostura.) Doña Juana.	
Serafín	¿Aquélla del papelito?	
Juana	La misma.	
Luisa	(Y delante de ella he de sufrir...)	
Juana	¡Cuánto pico para quedarse a la luna de Valencia! Tú, bien mío, no hagas caso de esa tonta que no quiere con el mimo ni con el aquel gracioso que encierro yo en mi pechito.	540 545
Luisa	Insultos no los tolero, con la vida los castigo.	
Juana	Conversación. No parece, según nos alza el gallito, sino que venga de nobles. Si yo sé dónde ha nacido. Tu madre fue barquillera y al mundo la echó en el río.	550
Luisa	Yo no puedo más. Que salgan a relucir los trapitos y sepan lo que es usted los que no lo hayan sabido.	555

¡Cursilona! Aunque te enfades,
aunque me cueste el bautismo, 560
voy a decirte ahora mismo
dos docenas de verdades,
y no habrá quien las dispute:
como la veis de altanera,
ésa ha sido fosforera 565
en la plaza de Matute.
¡Si esto es *bulipen*, chiquilla,
para que los labios aprietes!
¡Si no has vendido billetes
en la calle de Sevilla! 570
Y aunque la bula lo mande,
me podrás negar a mí
que andabas tú por ahí
diciendo: «La lista grande».
(Como pregón.)
¡Que lo has de negar! Sujetos, 575
y muchos, habrá de fijo
que se acuerden del botijo
de tu madre en Recoletos.
¡Si siempre has sido rentista!
¡No señor, si no has fregado! 580
¡Qué tono! Porque ha ganado
un duro de prestamista.
Pues di, ¿desde cuándo vales
y tienes casa y birlocho?
Pues desde el sesenta y ocho,[1] 585
que a todos nos hizo iguales.

---

1 Alusión a la revolución del 28 de septiembre de 1868, conocida como «la Gloriosa», que supuso el derrocamiento de la reina Isabel II y el principio del camino hacia la I República.

           Se le fue un pariente allí...,
           a Filipinas infiero,
           y se trajo el caballero
           media Manila para aquí.   590
           No pongas ese ademán;
           los periódicos contaron
           que en Santander le sacaron
           hasta un indio del gabán.
           Y en fin, ¿sabes lo que digo,   595
           y digo a ese pinturero?
           Pues vamos, es que no quiero
           ni conversación contigo.
           Y si me contestas mal,
           como dice el señor Larra: 600
           «Si esta manita te agarra
           te barre hasta el *prencipal*».

JUANA   Dejadme, si no se aleja,
           pues si riñe con valor...
           ¡vamos, el trozo mayor   605
           ha de ser de una lenteja!
           ¡Bueno es que el gallo levante!
           ¿Pues qué es lo que ha sido usted?
           Bailarina de café,
           pero de café cantante.   610
           Tostada, café, y abur,
           señores, hasta después.
           ¡Ganarlo tú con los pies!
           ¡Si hablara el café del Sur![2]
           ¡Hoy regenteas y privas!   615

---
2 Café-teatro madrileño.

Pero ayer buena carpanta...
Te he visto de figuranta
hace tres años en Rivas.³
Y no te he visto bailar,
te vi desnuda de pierna, 620
de merluza subalterna
del espíritu del mar,
con tus agallas de tul
y lentejuela en escama,
tulipán desnudo en Flama 625
y elefante en Barba-azul.
¡Y luego reniega y dice
que las demás presumimos!
Bastantes veces la vimos
hacer pantomima en Price.⁴ 630
¡Mucha bambolla hoy en día
y antes con falsos zarcillos!
¡Si no dabas tú barquillos
en aquella horchatería!
Y dicen que un caballero, 635
muy feo y muy delgaducho...
¡Y que no sisabas mucho,
según nos dijo el chufero!
Y en fin, si contesta usted,
aunque me cueste la crisma, 640
sin que lo sientas tú misma
yo te descañonaré.

LUISA   ¿A mí? ¿Para cuándo lo deja?

---

3 Otro local de moda de Madrid
4 El madrileño Teatro Circo Price.

Juana	Para ahora mismo, sí señor. (Aráñanse las dos.)	
Luisa Brígida	Que me mata. ¡Un inspector!	645
Luisa	¡Que me puede!	
Serafín	Una pareja.	
Todos	¡Ay!	
Juana	¡La estrangulo!	
Brígida	Y no para.	
Luisa	¡Ay! Me ha matado esta fiera.	
Juana	Lo mismo haré con cualquiera que mal me mire a la cara. (Queda Luisa caída en un sillón medio muerta.)	650
Serafín	Y todo por mí.	
Juana	Por ti, por el hombre que adoré. Desecha tu vocación, rompe ese traje que ves y aparta libros devotos, que a Dios se sirve también	655

educando sus hijuelos
y adorando una mujer.
Yo seré tu humilde esclava,
yo tus huellas besaré, 660
jamás delante de un hombre
me he arrodillado a sus pies
ni he suplicado jamás
ni a mi padre ni a mi rey.
Y pues a tus plantas guardo 665
la postura en que me ves,
considera, Serafín,
cuánto amor debo tener.
Yo te daré mis haciendas,
yo te compraré un chaqué 670
y esa chaqueta infantil
por levitas trocaré.
Yo te compraré botinas,
corbatas lo menos seis,
y cuellos de punta vuelta, 675
gemelos y un alfiler.
Cien pares de calcetines,
y calzoncillos también,
y sombreros puntiagudos
con las alitas dorsé. 680
Pañuelos con iniciales
y otros de percal francés,
y una capita gitana
con embozos de grancé,
que dé el quien vive, moreno, 685
si sabes llevarla bien.
Y los dos siempre del brazo,
yo ciega queriéndote,

	tú requeriéndome mucho	
	cuando a mi ladito estés,	690
	haremos un paraíso	
	de esta casa y un edén.	
Serafín	¿Qué debo yo contestar?	
	Francamente, no lo sé.	
Juana	Pero si me despreciaras,	695
	si pagaras con desdén	
	este amor en que me abraso,	
	te sujeto por los pies	
	y rompiendo cual se rompen	
	las cuartillas de papel,	700
	aquí una pierna, otra allá,	
	dos Serafines haré.	
	A bofetones las muelas	
	por los suelos he de ver.	
	¿Cabellos? ¡Ni las raíces,	705
	que yo los arrancaré!	
	¿Ojos? Los dos te los saco	
	con las tijeras, ¡pardiez!	
	¿Narices? ¡Cual perro chino	
	de chatas te las pondré!	710
	Y desfigurado el rostro	
	por uno y otro revés,	
	inútil para el amor	
	por feo te dejaré.	
	Ya ves si te quiero poco.	715
	Corresponde a mi querer.	

Serafín	No, Juana, más no prosigas,
	porque viendo esos desplantes
	se me aflojan los tirantes
	y se me caen las ligas. 720
	Tal vez Satán puso en ti,
	para decidirme artero,
	esa varita de arriero
	que tanto me asusta a mí.
	No, Juanita, en poder mío 725
	resistirte no está ya;
	yo voy a ti como va
	el perro a bañarse al río,
	como el murmullo a la fuente,
	sorbido, cual corre eterno 730
	a la caja del gobierno
	el trigo contribuyente,
	como el bebedor al vino,
	el desprecio a la miseria,
	como la nuez a la feria 735
	y el español al destino.
	Mira, Juana, yo lo imploro
	de tu hidalga compasión:
	o arráncame el corazón
	o ámame, porque te adoro. 740
Juana	He vencido en buena ley,
	he ganado.
Luisa	Lo confieso,
	estoy vencida y por eso
	me planto yo en la del rey.

Juana	La boda se hará mañana.	745
Serafín	¡Cuánto más antes la pido!	
Juana	Quedaos, que yo os convido. ¿Lo aceptáis?	
Luisa	De buena gana.	
Juana	Trae buñuelos, pequeña, y al que nos está escuchando pidamos perdón cantando una copla Malagueña. (Todos. Canto.)	750
Luisa	Por el cielo te pido que no me grites. Esto son dos escenas por si te ríes. Feliz me llamo si con esas manitas me das un bravo.	755

Fin

Juanito Tenorio
Juguete cómico-lírico en un acto y dos cuadros
Salvador María Granés

PERSONAJES
LOLA
JUANITO
EL Dr. D. GONZALO
EL CAPITÁN DE BARBASTRO
AVENDAÑO
PABLO
SERENO 1º
SERENO 2º

Al distinguido e inteligente
tenor cómico Ventura de la Vega

En dos días he escrito este juguete; en otros dos ha compuesto e instrumentado su linda música Manuel Nieto y en veinticuatro horas habéis aprendido uno y otra y hemos puesto la obrita en escena.

Este triple milagro realizado por la fe de todos, y sin ejemplo en los fastos teatrales, merecía un premio, y ése ha sido el éxito superior a todas nuestras esperanzas que el público ha dispensado a *Juanito Tenorio*.

Si como autor me envanece este triunfo, aún me halaga más como director artístico del teatro Martín. La docilidad y la inteligencia de todos vosotros me han facilitado la ímproba tarea de hacer revivir un teatro que agonizaba.

Justo es, pues, que consigne en esta página el tributo de mi gratitud a todos los artistas de la compañía, y muy singularmente a los que habéis tomado parte en el desempeño de este juguete.

La señorita Segovia ha hecho una deliciosa Doña Inés; tú, Ventura, has probado en tu cómico papel de *Juanito* que podrías interpretar el *Tenorio* de veras, mucho mejor que buen número de actores *serios*. Talavera da un admirable relieve al personaje del *Comendador*.

Carreras, Arregui, Suárez y los dos Serenos, Rodríguez y Polo, perfectamente en sus papeles. A todos os da las más expresivas gracias vuestro director artístico y cariñoso amigo,
Salvador María Granés

Acto único

Cuadro I

El comedor de la casa de Juanito Tenorio. Puerta al foro y laterales. En primer término a la izquierda, balcón; una mesa servida, en el centro, para cuatro cubiertos. Al levantarse el telón, Pablo está cerca del balcón oyendo la jota que canta dentro la estudiantina.

Escena I

Pablo. Música dentro. Hablado.

Pablo   No ha habido otro Carnaval
                    tan divertido hace años.
                    (Gritos de las máscaras, dentro.)
                    Anda, y cómo se divierten
                    las máscaras... y los máscaros.
                    (Bajando cerca de la mesa.)
                    Pero van a dar las doce   5
                    y vendrá pronto mi amo.

> Hay que preparar la cena
> para él y sus convidados.
> ¡Y vaya una cena! Truchas,
> pollos, langosta... y el plato 10
> favorito de Don Juan:
> lengua puesta en estofado.
> ¡Como come tanta lengua,
> así después habla tanto!
> Y hoy no ha venido su novia, 15
> la chica del cuarto cuarto,
> ésa que dicen que dice
> que cose por hacer algo.

Escena II
PABLO, Dr. D. GONZALO, con frasco y rábanos.

Dr. D. GONZALO   Hola, Pablo.

PABLO   Buenas noches,
                 señor Doctor.

Dr. D. GONZALO   ¿Y tu amo? 20

PABLO   Sábelo Dios. Salió anoche
                 y aún anda de picos pardos.

Dr. D. GONZALO   ¿Sin dormir?

PABLO   Hace tres días
                 que el disfraz no se ha quitado,

| | y es capaz de ir en Cuaresma | 25 |
| | vestido de mamarracho. | |

Dr. D. Gonzalo Y en tanto, la pobre Lola
 metida en su sotabanco
 y cosiendo para fuera
 pasa la vida llorando. 30
 Tantas lágrimas derrama
 que el suelo es un puro charco,
 y se queja de goteras
 el inquilino de abajo.
 Ella no come ni duerme, 35
 siempre asomada al tejado
 viendo si viene Juanito
 u oye el ruido de sus pasos.
 A veces piensa escuchar
 la dulce voz de su amado 40
 que dice bien *mío*, y mira,
 y es que hace *miau, miau* un gato.

Pablo Es verdad, ella le quiere,
 a pesar de que el muy bárbaro
 suele sacudirla el polvo 45
 siempre que viene alumbrado.
 (Acción de beber.)

Dr. D. Gonzalo Ayer, al ir a asomarse
 la infeliz, se dio un trastazo
 con la ventana en la frente
 y se hizo un bulto tamaño. 50

                        (Como el puño.)
                        «Te has hecho un chichón», le dije,
                        y ella exclamó en tono lánguido:
                        «¡Qué me importa un chichón más
                        cuando mi Juan me hace tantos!».

Pablo   Como no cambie de vida   55
                        va a enfermar.

Dr. D. Gonzalo No, ya ha enfermado.

Pablo   ¿De veras?

Dr. D. Gonzalo Yo la visito.
                Ahora mismo de allí bajo
                y me dio para Don Juan
                este manojo de rábanos,   60
                (Sacándolo del bolsillo del gabán.)
                que como amante recuerdo
                ella eligió por su mano.
                Ponlos en ese frutero.

Pablo
(Haciéndolo.)   ¿Es grave su mal?

Dr. D. Gonzalo No tanto.
                Hoy por hoy es un acceso   65
                de memez en primer grado.

Pablo   ¿Y curará?

Dr. D. Gonzalo	Así lo espero.
	Más enfermo está tu amo
	y de la misma dolencia,
	porque en Lola es un amago 70
	la chifladura, y Don Juan
	ya está en el período álgido.

| Pablo | Es verdad, yo siempre dije |
| | que a Don Juan le falta algo. |

Dr. D. Gonzalo	Desde que a la lotería 75
	le cayeron unos cuartos,
	anda siempre de jarana,
	de borrachera y de escándalo.
	Se le ha puesto en la cabeza
	imitar a su tocayo, 80
	Don Juan Tenorio, sin ver
	que en este siglo prosaico
	el que la echa de Don Juan
	se expone a que a cada paso
	se lo lleven a la cárcel 85
	o le den un garrotazo.
	Pero él no cede. A un amigo
	que se apellida Avendaño
	él le llama Avellaneda,
	a ti que te nombras Pablo 90
	te llama Ciutti. A su novia
	Lola, la del sotabanco,
	Doña Inés. Para él, Gutiérrez,
	un capitán de Barbastro,
	es el capitán Centellas; 95

y hasta al mozo del Callao,
que ayer nos sirvió el café,
le dijo, alargando el vaso,
«escancia, Comendador»,
al verle con mandil blanco.   100

Pablo   Doctor, cúremelo usted.

Dr. D. Gonzalo Hoy pienso hacer el ensayo.
                Por de pronto echo en su vino
                unas gotas de este frasco.
                (Haciendo lo que indica el
                diálogo.)
                Cuida que de esa botella   105
                no beba más que tu amo.

Pablo   Él es, ya le oigo subir.

Dr. D. Gonzalo Luego volveré, me marcho.
                No le digas que he venido.
                (Vase.)

Pablo   Yo hago mutis por si acaso.   110
                No me sacuda, si viene
                como acostumbra, borracho.
                (Vase.)

Escena III

JUANITO TENORIO, que entra vestido con el traje de Don Juan Tenorio. Música.

JUANITO TENORIO Del gran Tenorio soy émulo,
    y quince y raya le doy,
    y va conmigo el escándalo   115
    por donde quiera que voy.
    Las prevenciones
    yo recorrí,
    juicios de faltas
    tuve cien mil.   120
    Y me ha costado
    un dineral
    cada juzgado
    municipal.
    Mucho palo he sacudido,   125
    pero más me han dado a mí,
    y he estado en todas las casas
    de socorro de Madrid.
    Yo soy Don Juan,
    imagen fiel   130
    de otro galán,
    bravo doncel.
    Si aquel Don Juan
    hizo papel,
    éste a barbián   135
    le gana a aquél.
    Yo descendí hasta los sótanos
    y a las guardillas subí,

en todas partes dejándoles
memoria amarga de mí. 140
En cuanto miro
a una mujer,
ciega de amores
cae a mis pies.
Y si me digno 145
darle yo el *sí*,
ya está la pobre
loca por mí.
Tardo un día en conseguirlas,
las adoro dos o tres 150
y a los tres o cuatro días,
si te he visto, no hay de qué.
Yo soy Don Juan,
imagen fiel
de otro galán, 155
bravo doncel.
Si aquel Don Juan
hizo papel,
éste a barbián
le gana a aquél. 160
Y el que le diga que no
deja a sus manos la piel,
pues lo que él aquí afirmó
mantenido está por él.
(Hablado.)

PABLO (Saliendo.)
Perdón, Don Juan, si pregunto. 165
¿Viene usted malo?

Juanito Tenorio	No, Ciutti, vengo...	
Pablo	(Borracho *perdutti*.)	
Juanito Tenorio	¿Y la cena?	
Pablo	Ya está a punto. Cansado estará quizás, acuéstese usted.	
Juanito Tenorio	No, ganso, no necesito descanso. Yo no me canso jamás. Puedo abusar de mi físico, que al de un Hércules humilla. (Tose.)	170
Pablo	(¿Sí? Pues por la tosecilla más parece que está tísico.)	175
Juanito Tenorio	A fe de Juan, voto a San, siempre he sido lo que soy, y como vivió hasta hoy vivirá siempre Don Juan. (Toma maquinalmente el manojo de rábanos y se tumba en una butaca.) Y eso que tengo que hacer muchas cosas; ve contando. Una, la cena...	180

                    (Arranca un rábano, se lo come
                    y tira las hojas.)
                    En cenando...
                    la Paca, dos.
                    (Se come otro rábano y
                    sopla las hojas.)
                    Y al volver
                    (que será ya bien de día),   185
                    escribo a Rita, y tres van.
                    (El mismo juego.)
                    Después a hacerme un gabán...,
                    cuatro.
                    (El mismo juego.)
                    Y a ver a una tía
                    carnal, cinco.
                    (El mismo juego.)
                    Y otras treinta
                    cosas todas importantes;   190
                    (Tirando el resto del manojo.)
                    ¡si no hay rábanos bastantes
                    en Madrid para mi cuenta!

PABLO   (La otra, terca como un tábano,
                    los rábanos le ha traído,
                    y éste se los ha comido   195
                    sin que se le importe un rábano.)

JUANITO TENORIO Pero di, vamos a ver,
                    ¿cuál de mis novias postizas
                    me manda estas hortalizas?

PABLO Doña Inés.

JUANITO TENORIO ¡Pobre mujer! 200
    (Vase PABLO.)
    No hay quien haga dobladillos
    ni cosa con tales prisas:
    me ha hecho en un mes diez camisas
    y catorce calzoncillos.
    Desde la abonada al Real 205
    a la artista de obrador,
    ha recorrido mi amor
    toda la escala social.

PABLO (Saliendo.)
    Señor Don Juan.

JUANITO TENORIO ¿Qué hay?

PABLO Afuera aguarda...

JUANITO TENORIO (Con entonación dramática.)
    ¿Algún embozado 210
    en verme muy empeñado?

PABLO No, señor, la costurera.

JUANITO TENORIO No es costurera, es, truhán,
    flor que aún su cáliz no ha abierto
    y a trasplantarla va al huerto 215
    de sus amores Don Juan.
    (Vase PABLO.)

Escena IV
Juanito Tenorio y Lola.

Lola   ¡Don Juan de mi corazón!

Juanito Tenorio ¡Doña Inés del alma mía!

Lola   Hambre de verte tenía.

Juanito Tenorio ¿Sí? Pues date un atracón.   220

Lola   Tu ausencia mi vida acorta.
                 ¿En qué el día has empleado
                 sin verme?

Juanito Tenorio
                 Estuve ocupado
                 en... lo que a ti no te importa.

Lola   ¡Qué fino! ¡Así te amo yo!   225
                 ¿Y tú me amas igualmente?

Juanito Tenorio Mira, hablando francamente,
                 no sé si te quiero o no.
                 Hay días en que el placer
                 que tengo en verte no es mucho, 230
                 y mientras hablas te escucho
                 como quien oye llover;
                 y otros, si alguien te ofendiera,
                 si dijese algún silbante,
                 por detrás o por delante,   235
                 que eres mala chalequera,
                 o te pedía perdón
                 o le ahogaba en un minuto,

(Transición.)
si el tío no era más bruto
y me daba un revolcón. 240

LOLA Gracias, habla siempre así,
bendito sea tu pico.
Pero mira, te suplico
que no te pegues por mí.
Aunque eres bravo e hidalgo, 245
si te metes en un lance,
puede ocurrirte un percance
y te pueden romper algo.

JUANITO TENORIO Cese tu duda cruel,
en Madrid es bien notorio 250
que aquí está Don Juan Tenorio
y no hay hombre para él.
¿Piensas que cuatro gateras
osarían ofenderme
cuando hombre soy para hacerme 255
plato de sus calaveras?
Mas las doce van a dar
y quedarme solo quiero.

LOLA ¿Te estorbo?

JUANITO TENORIO Sí, porque espero
tres amigos a cenar. 260

LOLA Con tu desdén no me amargues
ni de tu lado me alejes.

JUANITO TENORIO No te digo que me dejes,
sino sólo que te largues.

Escena V
Dichos y PABLO.

PABLO Señor, ahí están.

JUANITO TENORIO
(A LOLA.) ¿Lo ves? 265

LOLA ¿Prefieres cenar?

JUANITO TENORIO Soy franco.
Súbete a tu sotabanco,
bellísima Doña Inés.
(Conduciéndola con *amore*.)
Por la escalera interior
salir sin riesgo podrás: 270
por allí no sube más
persona que el aguador.

LOLA ¿Te aguardo?

JUANITO TENORIO Sí.

LOLA ¿Confiada?

JUANITO TENORIO Sí, te empeño, Inés hermosa,
mi palabra..., única cosa 275
que no tengo ya empeñada.

(Conduce a LOLA por la puerta que se supone da a la escalera interior y desde allí hace varios ademanes grotescos despidiéndola.)

Escena VI
JUANITO TENORIO, EL CAPITÁN DE BARBASTRO y AVENDAÑO. Los dos se detienen y observan, mientras JUANITO TENORIO se despide de LOLA.

EL CAPITÁN DE BARBASTRO	¡Ah, tunante! Aunque la ocultes, yo ya la he visto.
AVENDAÑO	¿Y quién es?
EL CAPITÁN DE BARBASTRO	Lolilla la chalequera.
AVENDAÑO	Me gusta.
EL CAPITÁN DE BARBASTRO	Y a mí también. 280
AVENDAÑO	¡Chitón! Ya está aquí Juanito.
JUANITO TENORIO	¡Oh, amigos! ¡Cuánto placer! **(Estrechándoles la mano.)** Centellas!... ¡Avellaneda!
EL CAPITÁN DE BARBASTRO	(¡Éste para en Leganés!)

JUANITO TENORIO ¿Y Don Gonzalo?

AVENDAÑO   ¿El Doctor?   285
Se ha entretenido tal vez
recibiendo enhorabuenas.

JUANITO TENORIO ¿Enhorabuenas de qué?

EL CAPITÁN DE
BARBASTRO   Curó un grano a una señora
muy amiga de un marqués,   290
y el marqués, por no pagarle,
le ha hecho nombrar desde ayer
Comendador de la Orden
de Carlos tercero.

JUANITO TENORIO (Aprobando.)
¡Bien!
Mas ya que el Comendador   295
exacto no quiere ser,
mi opinión, amigos míos,
es que cenemos sin él.

EL CAPITÁN DE
BARBASTRO   Muy bien pensado.

AVENDAÑO   ¡A cenar!

JUANITO TENORIO Por si llega antes de que   300
terminemos, en la mesa
le haré un cubierto poner.

Avendaño (Bajo a El Capitán de Barbastro.)
Ya sabes, no hay que probar
del vino que beba él.
(Se sientan los tres a la mesa.)

El Capitán de
Barbastro   ¿Y qué tal va de conquistas?   305

Juanito Tenorio Cada día nueve o diez.

El Capitán de
Barbastro   Te falta la más sabrosa.

Juanito Tenorio ¿Una novicia que esté
para profesar? La tengo
encargada ya hace un mes.   310
Me han dicho que vive una
en la calle de Belén.

El Capitán de
Barbastro
(Comiendo.)   Buena trucha.

Juanito Tenorio ¿La novicia?

El Capitán de
Barbastro   No, ésta que voy a comer.

Juanito Tenorio ¿Ciutti, olvidaste mi plato?   315

Pablo   ¿La lengua? No la olvidé.
¡Vaya un estofado rico!
Mejor no lo come el rey.

JUANITO TENORIO (A PABLO.)
                    Pon vino al Comendador.

AVENDAÑO   ¿Piensas que vendrá?

JUANITO TENORIO No sé.   320

EL CAPITÁN DE
BARBASTRO   Pues según el apetito
                    con que cenamos los tres,
                    si tarda un poco en venir
                    se encuentra que no hay de qué.

JUANITO TENORIO Ciutti, sácanos la lengua.   325

PABLO   Aquí está. (Poniendo en la
                    mesa una fuente que toma.)

JUANITO TENORIO Huele muy bien.
                    (Se oyen dos fuertes aldabonazos.)
                    Mas llamaron.

PABLO   Sí, señor.

JUANITO TENORIO Ve quién.

PABLO   (Asomándose al balcón.)
                    A nadie se ve.
EL CAPITÁN DE
BARBASTRO   Algún chico que al pasar
                    se ha querido entretener.   330

JUANITO TENORIO	(A PABLO.) Cierra y échame más vino. (PABLO le sirve y JUANITO TENORIO bebe. Suenan otros dos aldabonazos.)
AVENDAÑO	¿Otra?
JUANITO TENORIO	(A PABLO.) Mira a ver quién es.
PABLO	(Después de asomarse.) No se ve a nadie, señor.
JUANITO TENORIO	Pues no ha de reírse a fe el chusco autor de la broma.　　335 Ciutti, si llama otra vez suéltale un pistoletazo. (Dándole una botella de las que hay en la mesa.)
AVENDAÑO	¡Qué atrocidad!
JUANITO TENORIO	¡Duro en él! (Se oye un gran campanillazo.)
EL CAPITÁN DE BARBASTRO	Ahora es con la campanilla.
JUANITO TENORIO	(A PABLO.) Ve y abre. (Vase PABLO y vuelve inmediatamente muy asustado.)

PABLO ¡Señor!

JUANITO TENORIO ¿Quién es? 340

PABLO El Comendador, que llega
con gente armada.

(Aparece en la puerta del foro DR. D. GONZALO en medio de dos Serenos.)

DR. D. GONZALO (Desde la puerta.)
Muy bien. (Música.)

SERENOS Muy buenas noches,
señor Don Juan.

JUANITO TENORIO ¿Cómo en mi casa 345
la autoridad?

SERENOS *Vimus* que un hombre
llamaba aquí,
le *preguntamus*,
quiso subir, 350
y ahora *sabremus*
si este señor
es un amigo
o es un ladrón.

DR. D. GONZALO Don Gonzalo de Ulloa me llamo, 355
y efectivamente ése soy.

SERENOS	¿Es verdad lo que dice este hombre?
JUANITO TENORIO	Es verdad, mi palabra yo os doy.

SERENOS   Que le *faltamus*
                  no lo sospeche,   360
                  nos *retiramus*
                  y que aproveche.
                  Si subimos aquí de rondón.

TODOS   De rondón.

SERENOS   Fue cumpliendo con la obligación. 365

TODOS   La obligación.

SERENOS   Pero ya que cesó la inquietud.

TODOS   La inquietud.

SERENOS   Muchas gracias y que *haiga* salud.
                  (Haciendo cortesías.)
                  Buenas noches,   370
                  buenas noches,
                  buenas noches y que *haiga* salud.

(Van saliendo los dos SERENOS de espaldas a la puerta del foro, cerrando la puerta de golpe cuando lo indica el fuerte final de la orquesta.)

Escena VII
Juanito Tenorio, El Capitán de Barbastro, Avendaño, Pablo y Dr. D. Gonzalo. Hablado.

Juanito Tenorio ¡Caramba! ¡Es extraño! Siento
　　　　　　　un sueño..., una pesadez...

Dr. D. Gonzalo ¿Conque sin mí habéis cenado?　375
　　　　　　　Muchas gracias.

Juanito Tenorio No hay de qué.

Dr. D. Gonzalo A un amigo se le aguarda
　　　　　　　siempre, y más para comer.

El Capitán de
Barbastro　　　Cuando el estómago grita,
　　　　　　　la amistad calla.

Dr. D. Gonzalo ¿Sí, eh?　　　　　　　　　　380
　　　　　　　Si es broma puede pasar.

Juanito Tenorio (Muy irritado.)
　　　　　　　¿Y si no es broma?
Dr. D. Gonzalo　(Transición.)
　　　　　　　También.
　　　　　　　¿Y os lo habéis comido todo?

Juanito Tenorio No, que aún te puedo ofrecer
　　　　　　　mi plato más favorito.　　　　385

                    (Dándole la fuente que hay sobre
                    la mesa.)
                    Anciano, la lengua ten.

Dr. D. Gonzalo Está fría como el hielo.

Juanito Tenorio Sí, porque es lengua *frappé*.

Dr. D. Gonzalo (Indignado.)
                    Esto es una burla indigna.
                    Don Juan Tenorio, esto es...   390

Juanito Tenorio (Con arranque.)
                    ¡Comendador!

Avendaño (A Dr. D. Gonzalo.)
                    ¿Te incomodas?

Dr. D. Gonzalo (Bajo a Avendaño y a El Capitán de Barbastro.)
                    (Callad, y dejadme hacer.)
                    ¡Don Juan, eres un farsante!

Juanito Tenorio (Muy enojado.)
                    ¿Hablas en serio?
Dr. D. Gonzalo (Con tono imperativo.)
                    ¡Sí!

Juanito Tenorio (Transición. Muy natural.)
                    ¡Ah! Bien.

Dr. D. Gonzalo Y si tuvieras vergüenza,   395
    que no la tienes...

Juanito Tenorio (Enojado.)
    ¡Pardiez!

Dr. D. Gonzalo Humillarías la frente
    al verme como me ves.

Juanito Tenorio Jamás delante de un hombre
    mi alta cerviz humillé.   400

Dr. D. Gonzalo Pues yo te la haré bajar
    arrojándote a mis pies.
    (Forcejeando llegan cerca del balcón.)

Juanito Tenorio Suéltame, Comendador,
    que no me puedo tener,
    y vas a hacer que me caiga.   405

Dr. D. Gonzalo Estás borracho..., lo sé.

Juanito Tenorio (Frenético.)
    ¡Comendador, que me pierdes!
Dr. D. Gonzalo ¡Si ya estás perdido!

Juanito Tenorio (Logra desasirse, abre el balcón y grita mirando arriba.)
    ¡Inés!

Dr. D. Gonzalo   El sotabanco es muy alto.
　　　　　　　　No te oirá aunque grites bien.   410

Juanito Tenorio   (Cae sobre una silla.)
　　　　　　　　¡Llamé al cielo y no me oyó!

Dr. D. Gonzalo   (A los otros dos.)
　　　　　　　　Ya empieza su efecto a hacer
　　　　　　　　el narcótico.

El Capitán de
Barbastro   　　¿Qué intentas?

Dr. D. Gonzalo   Curarlo.

Avendaño   　　Y tu plan, ¿cuál es?

Dr. D. Gonzalo   Abajo, en el patio, tiene   415
　　　　　　　　un marmolista el taller.
　　　　　　　　Allí hay que llevar a Juan;
　　　　　　　　lo demás ya os lo diré.

Juanito Tenorio   (Soñoliento.)
　　　　　　　　Comendador..., yo me duermo...
　　　　　　　　y estoy citado a las diez   420
　　　　　　　　a un juicio de faltas. Anda...,
　　　　　　　　ve en mi lugar... y después,
　　　　　　　　cuando el juez me llame a juicio,
　　　　　　　　tú responderás al juez.
　　　　　　　　(Se duerme.)

El Capitán de
Barbastro   Ya se durmió.

Dr. D. Gonzalo Pues en marcha,   425
         y Dios nos saque con bien.

(Cogen entre los tres el sillón en que se ha quedado dormido Juanito Tenorio y vanse llevándoselo. Dos Criados han retirado antes la mesa y las sillas. La orquesta toca piano *El sueño de Roselen*.) Mutación

Cuadro II
Patio de la casa de Juanito Tenorio. Cuatro pedestales en los cuatro ángulos. En el centro, en el foro, un armario. Aparecen, saliendo primero Dr. D. Gonzalo y detrás los otros, llevando en el sillón a Juanito Tenorio dormido. La escena está sola iluminada por la luz drumont.

Escena I
Dr. D. Gonzalo, El Capitán de Barbastro, Pablo, Avendaño y Juanito Tenorio dormido.

El Capitán de
Barbastro (A Avendaño, dejando en el suelo el sillón.)   Con tiento, no se despierte.

Dr. D. Gonzalo No hay miedo. Dormirá un rato.
         El narcótico era activo,
         y yo cargué bien la mano.   430

EL CAPITÁN DE	
BARBASTRO	Creo, Doctor, que ya puedes
	tu proyecto revelarnos.

DR. D. GONZALO Pues, oíd. El pobre Juan
        es un ser monomaníaco,
        y hay que curar su manía   435
        por el método homeopático.
        Porque la locura es -
        científicamente hablando
        un desorden patológico
        o desequilibrio orgánico,   440
        efecto de que las vértebras
        se infartan de humor linfático,
        porque lesionan las vísceras
        los desórdenes gastrálgicos.
        Pero basta ya de términos   445
        científicos hipocráticos,
        que vosotros no entendéis
        (ni yo tampoco), y al grano.
        Para curar a Juanito
        un solo remedio hallo: 450
        si parodiando la escena
        del cementerio logramos
        que el mismo miedo despierte
        su razón, ya está curado.

AVENDAÑO   ¿Y si descubre la farsa?   455

DR. D. GONZALO Ningún loco achaca a engaño
        lo que halaga su manía,
        y Juan está en ese caso.

El Capitán de Barbastro	¿Entra Lola en el complot?
Dr. D. Gonzalo	No me costó mal trabajo, 460
pero, al fin, hará de Inés.
Ya está poniéndose el hábito
y vendrá apenas se vista.
Conque pronto... a disfrazaros.
Ahí dentro hay trajes, pelucas 465
y todo lo necesario.
(Medio mutis.)
¡Ah!... Mientras seáis estatuas,
hablad con tono pausado
y voz hueca, sin mover
la cabeza ni los brazos; 470
en fin, como hablan los muertos
que habéis visto en el teatro.
Avendaño y El Capitán de Barbastro	Bien.
Avendaño	Yo pronto estoy de vuelta.
El Capitán de Barbastro	Yo en dos minutos despacho.
(Vanse.)
Pablo	Dios quiera que a puntapiés 475
no hagan mi estatua pedazos.
(Vase.)
Dr. D. Gonzalo	¡Que un hombre de mi linaje,

y a los cincuenta y seis años,
descienda a hacer tales farsas
vestido de mamarracho! 480
(Vase.)

Escena II
LOLA *en traje de monja,* JUANITO TENORIO *dormido.*

LOLA   No sé qué tengo, ¡ay de mí!
Me avergüenzo de este paso,
mas va en ello la salud
de mi dueño idolatrado.
Don Juan, por ti sólo accedo   485
a hacer el papel que hago.
Perdona, Don Juan, si aun antes
de ser tu esposa, te engaño.

Escena III
JUANITO TENORIO *dormido,* LOLA, DR. D. GONZALO, AVENDAÑO, EL CAPITÁN DE BARBASTRO, PABLO: *todos disfrazados de estatuas y corriendo por el escenario.*

DR. D. GONZALO   Todos estamos muy propios
vestidos de punta en blanco.   490
A su puesto cada cual.
(Cada uno se sube en su
pedestal.)

LOLA   ¿Y Yo?

Dr. D. Gonzalo Dentro de ese armario.
 La tumba no es muy decente,
 pero no hay más que ese trasto.

Lola (Asomándose dentro del armario.)
 Yo no entro aquí.

Dr. D. Gonzalo (Empujándola.)
 Vamos, tonta. 495
  ¡Ajá!...
 (Cerrando.)
 Ya la he enchiquerado.
 (Dr. D. Gonzalo se sube a su
 pedestal.)

Juanito Tenorio (Despertando.)
 ¡Qué pesadilla!... ¡Ah!... Ya voy
 comprendiendo lo que ha sido;
 bebí y me quedé dormido.
 ¿Qué hora será?... ¿Dónde estoy? 500
 En el comedor, de cierto,
 y a oscuras, según colijo.
 ¡Qué frío!... Ciutti de fijo
 se dejó el balcón abierto.
 (Recorre a tientas la escena.)
 Éste no es mi comedor... 505
 Mi vista se aclara..., sí.
 Veo el cielo sobre mí,
 y bultos en derredor.
 Aquí hay un misterio y serio,
 y ya que sale la luna... 510

                    ¡Canario!... No hay duda alguna.
                    ¡Estoy en un cementerio!
                    ¿Y esas estatuas?... ¡Horror!
                    ¡Todos muertos!... ¡Ni uno queda!
                    ¡Centellas!... ¡Avellaneda!...   515
                    ¡Ciutti y el Comendador!
                    Mas ¿cómo muertos están?
                    ¿Cómo han muerto todos juntos?
                    ¿Quién los trajo aquí difuntos?

LOLA (Abre las puertas del armario y habla sin salir.)
                    Vas a saberlo, Don Juan.   520

JUANITO TENORIO Doña Inés.

LOLA   Basta de apodos.
                    Anoche en vuestro festín
                    bebisteis mucho y, al fin,
                    os emborrachasteis todos.
                    De pronto se armó un belén,   525
                    y a éste quiero y a éste no,
                    mataste a cuatro; entré yo
                    y me mataste también.

JUANITO TENORIO ¿También a ti?... ¡Dios clemente!

LOLA   Cinco vidas has quitado.   530

JUANITO TENORIO Pero ¿cómo habré matado,
                    sin saberlo, a tanta gente?

LOLA	En esta tumba por ti
	tengo yo mi purgatorio
	mientras hagas el Tenorio 535
	como lo has hecho hasta aquí.
	Una voz de lo alto oí
	que me dijo: «Criatura,
	quitar a Don Juan procura
	de ser Tenorio el afán, 540
	o te envolverá Don Juan
	en su misma chifladura.
	Y, pues, fuiste su Inés fiel
	cuando eras Lola no más,
	o a Juanito curarás 545
	o entontecerás con él.
	Haz que deje su papel,
	dile que si no se cura,
	si persiste en la locura
	de parodiar a Don Juan, 550
	el castigo que te dan
	es su misma chifladura». (Ciérrase
	el armario y desaparece LOLA.)
JUANITO TENORIO	¡Tente, tente, Doña Inés!
	Pero, ¿por qué me incomodo
	y por qué tiemblo, si todo 555
	es sueño, delirio es?
	Del vino y de los licores
	aún me duran los mareos.
	¡Pasad y desvaneceos,
	pasad, siniestros vapores! 560
	Por nada tiembla Don Juan,

                y éstos son buenos testigos.
                (A las estatuas.)
                ¡Aquí me tenéis, amigos!
                ¡Buen busto el del Capitán!
                Ciutti tiene mala cara;   565
                lo habrán hecho en escayola.
                ¡Bravo, Avellaneda!... ¡Hola!
                (Tocando a Dr. D. Gonzalo.)
                Éste es mármol de Carrara.
                En vez de una estatua muerta,
                vivo estarías mejor.   570
                ¡Qué diablo! Comendador,
                si eres valiente, despierta.

(Música.) (Las estatuas empiezan a balancearse sobre los pedestales, y así continúan durante todo el número musical. Lola también abre el armario y aparece allí.)

Dr. D. Gonzalo (Con tono grave.)
                ¡Aquí me tienes ya!

Juanito Tenorio ¡Divino cielo!

Dr. D. Gonzalo Don Juan, ¿tienes canguelo?
                ¿No quisiste hacer ver a
                    hombres sesudos   575
                que te comías tú los niños crudos?

Juanito Tenorio ¡Temblando estoy, Dios mío,
                y no sé si es de miedo o es de frío!

Dr. D. Gonzalo En vano refunfuñas.
                       ¡Estás muerto!

Juanito Tenorio ¿Yo muerto?

Dr. D. Gonzalo ¡Hasta las uñas!   580

Juanito Tenorio ¡Dios mío!... ¿Será cierto
                       que sin dolerme nada me haya
                       muerto?

Dr. D. Gonzalo No dudes, no,
                       por ti, Don Juan,
                       ya las campanas   585
                       doblando están.
                       Te dice al fin
                       su triste son...

Lola (Desde el armario, imitando la campana.)
                       Ton... tin, ton... tin.

Todos   Ton... ton, ton... ton.   590

Juanito Tenorio Yo fui un Don Juan,
                       y hoy veo al fin
                       que he sido un...

Lola   Ton... tin, ton... tin.

Juanito Tenorio Cesad, cesad   595
                       por compasión,
                       no me llaméis...

Todos	Ton... tin, ton... ton.
	(Hablado.)

Juanito Tenorio	¿Sueño, deliro quizás,	
	o es realidad lo que toco?	600
	¡Gran Dios! ¡Yo me vuelvo loco!	

Dr. D. Gonzalo (Hace tiempo que lo estás.)

Juanito Tenorio ¿No eres un muerto supuesto?

Dr. D. Gonzalo	Toca las narices mías,	
	impío, y verás qué frías.	605

Juanito Tenorio Bien..., pero entonces, ¿qué es esto?

Dr. D. Gonzalo	Esto es que cuentas nos piden.	
	Esto es, voto a Belcebú,	
	que yo me he muerto, que tú	
	te has muerto, que aquél se ha...	
	ídem.	610
	Que nosotros...	

Juanito Tenorio (Atajándole.)
　　　　　　　¿Hasta cuándo?

Dr. D. Gonzalo Vamos a la eternidad,
　　　　　　　que aquéllos...

Juanito Tenorio Por caridad,
　　　　　　　¡no siga usted conjugando!

Dr. D. Gonzalo Llevarte al infierno quiero. 615

Juanito Tenorio El cabello se me eriza.

Dr. D. Gonzalo Toma.

Juanito Tenorio ¿Qué?

Dr. D. Gonzalo Fuego y ceniza.
              (Del pedestal sale una copa con
              su llama.)
              Ya tienes para el brasero.

Juanito Tenorio ¡Gran Dios! ¿Y si en absoluto
              yo renuncio a mi manía? 620
Dr. D. Gonzalo Te salvarás. Todavía
              tienes de vida un minuto.
              Aprovéchalo, Don Juan,
              que un punto de contrición
              puede ser tu salvación. 625
              Y ese punto aún te lo dan.

Juanito Tenorio ¡De mi vida la carcoma
              borrar en un punto! No.
              ¡Yo no quiero un punto, yo
              necesito punto y coma! 630

Dr. D. Gonzalo Mira, cual vienen con calma
              tus víctimas.
              (Todos le rodean.)

Juanito Tenorio ¡Sombras fieras!
¿Qué esperáis de mí?

Dr. D. Gonzalo Que mueras,
para llevarnos tu alma.
Y ya que esos testimonios   635
no te hacen mudar de plan,
ven al infierno, Don Juan,
con mil pares de demonios.
(Le coge de la mano.)

Juanito Tenorio Aparta, espectro ilusorio;
ir al infierno no quiero.   640
Yo no soy el verdadero,
el legítimo Tenorio.
Yo he sido un loco vulgar,
mas suéltame, hombre de estuco;
fui tan sólo un mameluco   645
que le quiso parodiar.
Y si tarde conocí
mi estupidez inaudita,
mi enmienda será infinita.
Tened compasión de mí.   650

Todos   (Despojándose del disfraz y
quedando en sus trajes.)
¡Bravo! ¡Bien!

Dr. D. Gonzalo Dame esa mano.

Juanito Tenorio Pero, ¿qué es esto?

Dr. D. Gonzalo Esto ha sido
que estabas loco perdido
y que ya estás bueno y sano.

Lola ¡Juanito!

Juanito Tenorio ¡Lola querida! 655
(Al público.)
Señores, no me rechacen,
prometo enmienda cumplida.
Estas cosas no se hacen
más que una vez en la vida.

Fin

www.ingramcontent.com/pod-product-compliance
Lightning Source LLC
Chambersburg PA
CBHW060211050426
42446CB00013B/3045